AW

Adelhard Winzer, geboren in Karlshuld/Bayern, verbrachte die ersten Kinderjahre auf dem Bauernhof seines Onkels, Mitbegründer verschiedener Bands, Reisen durch Europa, Kinderbuchveröffentlichung „Andreas", Georg Lentz Verlag, München, Bankangestellter, Bankkaufmann, intensive Schreib- und Zeichentätigkeit, Ausstellungen in Neuburg an der Donau, München und Umgebung, zwei Stücke im Cantus Theaterverlag, Eschach: „Krethi und Plethi" – „Das Korkenspiel", weitere Buchveröffentlichungen: „Die Sprachgrenze" – „Lügengeschichten" – „Stockholm Blues" – „Hundert Zeichnungen" – „33 Computer-Zeichnungen", Books on Demand, Norderstedt, lebt im Chiemgau.

ADELHARD WINZER
GRUNDSÄTZE ÜBER DIE KUNST

Bibliografische Information der
Deutschen Nationalbibliothek: Die Deutsche
Nationalbibliothek verzeichnet diese Publikation
in der Deutschen Nationalbibliografie.
Detaillierte bibliografische Daten sind im
Internet über http://dnb.dnb.de abrufbar.

Herstellung und Verlag:
BoD – Books on Demand, Norderstedt
Umschlaggestaltung:
Adelhard Winzer

ISBN: 978-3-748102038

GRUNDSÄTZE ÜBER DIE KUNST

01

Ob mit Pinsel, Buntstift, Kugelschreiber oder Feder, die Zeichnung wird von mir nie als Nebenprodukt behandelt, als Skizze oder nur grober Entwurf. Eine Zeichnung hat für mich denselben Stellenwert wie ein Gemälde.

Computer und Maschine, das lässt sich erlernen. Zerstöre nur das Programm, zwinge ihr deinen Willen auf, und siehe, der Zufall kommt dir zu Hilfe.

Meine Zeichnung zeigt kein getreues Abbild von Welt, Natur oder Realität, vielmehr die Umsetzung von Gesehenem und Erlebtem in eigene Bilder, Zeichen und Formen. In jeder Zeichnung steckt nichts als der Versuch, zu mir selbst zu finden. Zeichnen als konzentrierte, stets neue Beschreibung meiner Innenwelt.

04

Das Wort Einsamkeit sagt dir nichts, weil es noch diesen negativen Beigeschmack hat. Aber löse dich jetzt von der herrschenden Meinung. Ohne Einsamkeit wird nie etwas entstehen. Mach die Einsamkeit zu deinem Freund.

Zeichne, ohne ans Zeichnen zu denken, es muss entstehen in einem Zug. Zeig etwas von dir ohne Hintergedanken, ohne Kalkül.

06

Die Zeit, kann man sie fangen – denk
nicht daran, sei du jetzt die Zeit, die Uhr
mit dreizehn Ziffern, sei du, wenn es
sein muss, das Zeichen gegen die Zeit.

07

Zählst du zu den Unentschlossenen? Ein Wink von links und du folgst ihm, und der von der anderen Seite – schon liegst du zertrampelt. Zu spät, mein Lieber, zu spät. Ein Kind weist dir besser den Weg.

Zeichne, zeichne – zeichne jetzt! Du hast zu viele fertige, unfertige Bilder gesehen. Lass dich nicht verblenden durch Worte, Institutionen, Werte, Richtungen, strebst du danach? Denk an die unverbildete Seele des Kindes, denk an deine Innenwelt, es gibt sie! Soeben angegraben, willst du sie wieder verschütten, Schwächling, schaufle sie frei, endgültig, entdecke sie, folge deiner Linie.

09

Den Zweifel, den Gleichmut, die Unsicherheit musst du bekämpfen, Tag für Tag. Dein Meisterwerk folgt früh genug.

10

Wichtig sind nicht das Format, die Federführung, die Höhe des Sessels im Verhältnis zur Tischhöhe, das Licht, die Nebeneinwirkungen oder das Arbeitsgerät. Wichtig ist, was in dir steckt.

11

Zeichne die Menschen, also dich selbst.

12

Jedem Tag auf der Spur sein heißt, täg-
lich das Chaos neu ordnen.

13

Der Sommer, das Fahrrad, Blätter im Sand, der Wald und die Nacht und die Stimmen, das Lachen, der Himmel, die Kräuter und Beeren, Geschmack von Rauch in der Luft, Pfennigstücke neben den Eisenbahnschienen, die Wiesen, die Äcker, die Farben, die Birken, Getreidefelder im Wind, der Hügel, der See, Nebel und Bläue, Vater, Mutter, Winter im Land, der Schal und der Schlitten, Bruder, Schwester – gesehen aus einem engen Raum.

14

Alles liegt in fremder Arbeit tagsüber,
sechs Stunden Schlaf und dem irratio-
nalen Glauben an mich selbst.

15

Sonntag, Montag nichts erreicht, versuche es am Mittwoch. Früher oder später trittst du in Erscheinung.

Zeige deine Schwäche, verheimliche sie nicht. Wie du es auch anstellst, was du auch versuchst, stets fällt sie auf dich zurück.

17

Übe dich im absichtslosen Verweilen.

18

Der Künstler hat keine Meinung, keine Ideologie, kein außer sich zu vertreten, ausschließlich sich selbst. Also, zeige dich, Künstler.

Wohin er dich führt, dein Weg. Wer,
außer dir, soll das noch bestimmen?

20

Schließ die Augen, glaub an dich.

Misstraue jedem Meister, der nur seine Meister zitiert.

All jene Künstler, die ich bewunderte, ja verehrte, lernte ich niemals kennen – welche unermessliche Kraft aber geht noch heute von ihren Werken aus.

23

Wer über das Vergangene lacht, lacht zugleich über das Heute.

Misstraue der herrschenden Meinung, den Gleichmachern und Fahnenschwenkern, sei gewappnet gegen jegliches Mitläufertum.

Zeichne nicht den Baum, zeichne die Wurzel.

Du suchst Vollkommenheit, Vorbild
und Größe, dann binde einen Knoten,
nur nicht zu fest, soll er sich doch wieder lösen.

27

Sprich nicht über zukünftige Werke,
mach sie.

Die Kunst ist verwaltet, die Kunst ist im Museum, die Kunst ist, was das Direktorium sagt, die Kunst ist manipuliert, die Kunst ist verlogen, die Kunst ist opportunistisch – die Kunst ist, was der Künstler nicht weiß.

29

Erst wenn ich schreibe, erst wenn ich zeichne, bin ich wirklich allein.

Die Realität und das Leben, das Heute ruft nicht nach Ausgefallenheit. Sich beugen, in der Spur bleiben, zwei Mal zwei heißt das Leben.

31

Ah, wie schön, denken die Leute – und können es nicht mehr sagen.

Erst die Bewegung, dann der Gedanke.

Das Geheimnis, falls es eines gibt in deinem Werk, zerstöre es nicht durch Worte, Erklärungen – es macht müde und traurig, klingt nur nach Rechtfertigung.

34

Die Leute wollen nicht wissen, was du denkst, was du machst, sie wollen nur eines – sich selbst erkennen in deinem Werk.

35

Zeige nicht alles und verheimliche nichts.

Du strebst nach Freiheit, Natürlichkeit –
dann lausche auf den Gesang der Ler-
che, betrachte den feingliedrigen Baum.

37

Das Unbegreifliche begreiflich machen.

38

Und alle Welt ist gegen dich – das ist
deine Prüfung.

Schon als Kind versuchen sie dich weg-
zubringen von dir selbst: Die Wissen-
schaft, die Mode, das Fernsehen, Religi-
onen, Parteien und Politiker. Alle sagen
sie: Glaub an mich! Glaub an mich!
Wer hat dir jemals gesagt: Glaub an
dich selbst!?

40

Halte dich an die Natur, imitiere sie nicht.

Deine Wahrheit, sagst du, kann man auf Händen tragen. Wohin aber willst du sie tragen?

42

Das Große ganz klein betrachten.

43

Was ist wesentlich – nichts ist wesentlich. Was zählt, bist du selbst.

Das Unreife, Unausgegorene, das Kleine, aus dem Großes hervorgehen könnte, verachte es nicht.

45

Wenn, dann nur Skizze oder Entwurf –
von Botschaft war nie die Rede.

46

Kein Hahn kräht heute nach dir. Auch morgen, übermorgen nicht. Stell dich darauf ein.

47

Schweige und öffne dich, bleib bei dir
selbst.

Das Leben lässt sich nicht zeichnen, nicht malen, es ist kein Ring, der ins Wasser fällt, kein Fels, keine wahre Geschichte.

49

Vor jedem Anfang wird etwas Unüber-
windliches, Nichtsichtbares stehen – löse dich also von den althergebrachten
Vorstellungen und Gedanken, der über-
steigerten Angst vor dem Unbekannten.

Wirke so lange im Dunkeln, bis dein Stern zu leuchten beginnt. Wann wird er leuchten? Das herauszufinden, gilt es nicht, das ist nicht die Frage.

Male die Rosen nicht als Rosen, den
Schnee nicht als Schnee. Zeichne dein
Ich, nicht das Vorgegebene.

Endlich, nach unzähligen Versuchen, mit einer Zeichnung bei dir selbst ankommen.

Den Kamin dort habe ich vor Jahren selbst gebaut, er raucht noch immer, sagte der Architekt. Du aber, Künstler, was kannst du Sinnvolles vorweisen? Die Frage ist falsch gestellt, entgegnete der Künstler.

Unzulänglichkeit und Größe, Abgrund, Freude, Leid und Begierde, die Gesetze der Trägheit, ein Blick in den Spiegel, Abwarten, Zögern, Wärme und Kälte, Klarheit, Verfremdung, Irrtum und Recht, keine Antwort und doch keine Frage. Mehr, so sagte das Meisterwerk, verlange ich nicht von dir.

Erfinde dein eigenes Gesetz, glaub an
die Möglichkeitsform, komm niemals
an ein Ende –

Geschrieben in München
1985 - 1994

ADELHARD WINZER
33 COMPUTER-ZEICHNUNGEN
2018. 104 SEITEN
BOD – BOOKS ON DEMAND, NORDERSTEDT
ISBN 9783748180821

ADELHARD WINZER
HUNDERT ZEICHNUNGEN
2018. 116 SEITEN
BOD – BOOKS ON DEMAND, NORDERSTEDT
ISBN 9783744885737

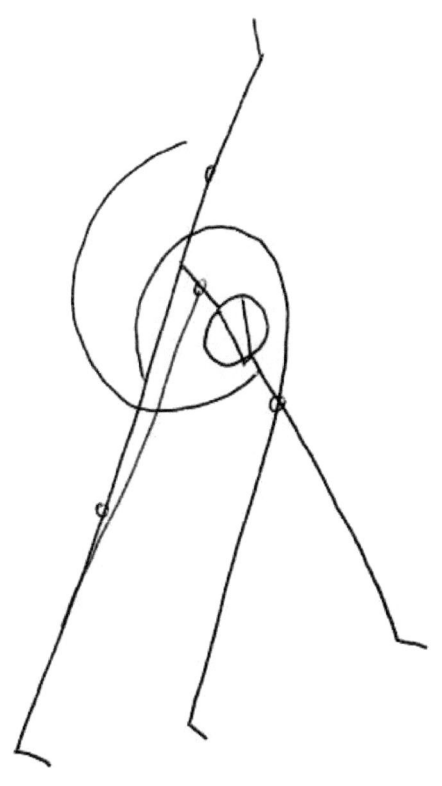

ADELHARD WINZER
STOCKHOLM BLUES
KURZPROSA. 2018. 92 SEITEN
BOD – BOOKS ON DEMAND, NORDERSTEDT
ISBN 9783752839814

Seit ich denken kann, will ich nach Stockholm.
Kennen Sie Stockholm? Ich war noch nie dort.
Es ist schön, wo ich wohne, ich vermisse nichts.
Also, sagen meine Freunde, was willst du
in Stockholm? Ich weiß nicht. Nachts erwache
ich aus meinem Traum, drehe mich auf
die andere Seite und denke, morgen gehe ich
nach Stockholm. Stets kommt etwas
dazwischen. Ich gehe zur Arbeit, ärgere mich,
gehe wieder nach Hause – schon ist der Tag
vorbei. Wie schön wäre es jetzt in Stockholm,
denke ich, warum bist du nicht nach Stockholm
gegangen! Ich war in Trinidad, ich war in
New York, aber was ist das im Vergleich
zu meinem Traum. Meine Freunde sagen,
geh in dich, vergiss dieses Stockholm,
es bringt dich noch um! Aber in Gedanken
bin ich in Stockholm. Ich weiß nicht warum.
Um was Neues beginnen zu können,
muss ich nach Stockholm. Kennen Sie
Stockholm? Waren Sie schon dort?
Heute wäre ein guter Tag,
um nach Stockholm zu gehen!

ADELHARD WINZER
LÜGENGESCHICHTEN
2018. 132 SEITEN
BOD – BOOKS ON DEMAND,
NORDERSTEDT
ISBN 9783752862102

Der Mond hat sieben Türen, sprach das Kind.
Ich lebe nicht hinter dem Mond, erwiderte
der Mann. Du hast keine Ahnung, meinte
das Kind, wenn der erst mal seine Hintertüre
aufmacht, beginnen die Menschen zu wackeln.
Von wegen wackeln, sagte der Mann. Ja,
wenn der Mond wirklich wollte, könnte
er die ganze Welt überschwemmen,
aber er hat Mitleid mit uns, vor allem
mit den alten Leuten. Ich bin nicht alt,
entgegnete der Mann. Für ganz Alte, sagte
das Kind, macht er die Vordertüre auf,
dort können sie hineingehen! Und das Kind
verschwand wie es gekommen war.
Blödsinn, dachte der alte Mann, drehte sich
auf die andere Seite, und konnte doch nicht
einschlafen. Seine Gedanken begannen
um den Mond zu kreisen, um die Erde,
um alte Leute. Schließlich träumte er,
durch eine große weite Türe zu gehen.
Alle Menschen machten ihm Platz,
verbeugten sich und riefen:
Wo warst du denn die ganze Zeit!

ADELHARD WINZER
DIE SPRACHGRENZE
GESCHICHTEN. 2018. 184 SEITEN
BOD – BOOKS ON DEMAND, NORDERSTEDT
ISBN 9783746087429

In mehr als hundert ineinandergreifenden
Geschichten (die längste hat elf Seiten, die
kürzeste vier Zeilen) wird anhand der Parabel,
der Groteske, der Fabel und der Übertreibung
von Personen und Ereignissen berichtet,
denen allen gemeinsam die Thematik
„In der Fremde" zugrunde liegt. Skizzenhaft,
lakonisch, phantastisch überhöht,
bis an die Grenzen der Erzählbarkeit.

„Ihre Texte haben lange auf meinem
Schreibtisch gelegen und ich habe immer mal
wieder hineingeschaut. Der Titel ‚Sprachgrenze'
ist total richtig gewählt. Alle Texte machen
vor etwas Halt – eine Wand? Ein Absturz? Ein
Paradies? Das wirkliche Leben? (was immer
das ist). Man wartet auf einen Durchbruch,
aber er kommt nicht. Sehnsuchtstexte!
Sehnsucht sehnt sich nach Erlösung. Aber was
könnte das sein? Gott? Die Liebe? Die Tat?"
Ruth Rehmann in einem Brief
an Adelhard Winzer

„Deine Geschichten sind klasse, sie ziehen den
Leser in den Bann, sind erschreckend
ehrlich und hart, sprachlich fein gesponnen."
Thomas Felber, Buchhandlung Lentner, München

„Ich finde Ihr Werk rundherum gelungen."
Wolfgang Weinkauf

ADELHARD WINZER
KRETHI UND PLETHI
EIN SPIEL
AUFFÜHRUNGSRECHTE:
CANTUS THEATERVERLAG
ESCHACH

Ein Stück, das die Sprache zum Mittelpunkt hat.
Befangenheit und Vorurteile der Menschen.
Keine zwingende Handlung. LAYLA
(schwarzhaarig) und SABRINA (blond),
einheitlich gekleidet, sitzen Rücken an Rücken
auf einer Bank, reden über eine fremde Person,
stehen auf, gehen im Kreis, deuten mit den
Händen, vermeiden es, sich dabei anzuschauen.
Ort des Geschehens: Ein Kirchenplatz.
Bühnenlicht, das, während sie sprechen,
allmählich schwächer wird und den Schatten
des Kirchturms näher bringt. Bewegungen
und Gesten sollen nicht übertrieben wirken.
Freier Redefluss. Dazwischen kurze und längere
Pausen. Keine strenge Regieanweisung,
die Inszenierung liegt in der Hand des
Regisseurs. LAYLA und SABRINA
telefonieren in den Pausen: nehmen Anrufe
entgegen, die sie mit JA oder NEIN oder
SOWIESO beantworten, oder sie schreiben
SMS auf ihren Handys, murmeln
Unverständliches dabei, schminken sich oder
blättern in Illustrierten, gähnen, schauen
neugierig um sich, manchmal auch verängstigt.
Beide treten sehr selbstsicher auf –
aber nicht überheblich.

ADELHARD WINZER
DAS KORKENSPIEL
DRAMA
AUFFÜHRUNGSRECHTE:
CANTUS THEATERVERLAG
ESCHACH

*Ein Leben ist immer zu kurz
für ein ganzes Leben*

Alf und Bianca haben ihre Stadtwohnung
aufgegeben und versuchen in einem
abgelegenen Bauernhof auf dem Land sesshaft
zu werden. Eines Tages bekommen sie Besuch
von Gitte und Ernst, einem befreundeten Paar
aus der Stadt. Sie machen es sich bei Kaffee,
Kuchen und Wein im Garten bequem, erzählen
von ihren Reisen nach Asien, Österreich, Italien,
Mexiko und New York. Während Alf und
Bianca sich gegenseitig die Beweggründe ihres
Neuanfangs zu erklären versuchen, schwärmen
Ernst und Gitte von der ländlichen Umgebung.
Dabei stellt sich heraus, dass Alf und Bianca
von ihrem neuen Nachbarn dominiert werden,
die angebliche Idylle nur täuscht, alle
vier sich im Grunde nichts zu sagen haben.
Ein harmlos erscheinender Nachmittag
auf dem Bauernhof, bei dem es am Abend
zur Katastrophe kommt.